# Droit Administratif

*« La décision exécutoire de*

*l'administration »*

# TABLE DES MATIERES

**exécutoires.**

# INTRODUCTION

L'ampleur et l'importance des missions dévolues à l'administration publique impliquent et exigent que celle-ci puisse mobiliser les moyens propres à satisfaire aux mieux l'intérêt général qui fonde la nature et la puissance des moyens accordés et mis en œuvre par l'administration. Il faut noter qu'ils existent 3 grands groupes de moyens d'actions administratives, notamment le moyen financier composé essentiellement de budget et impôt ; le moyen humain composé des fonctionnaires et agents publics ; le moyen juridique composé des décisions et contrats. C'est sur ce dernier moyen, c'est-à-dire le moyen juridique que nous intéresse et qui fait ici l'objet d'étude et plus réduite encore sur la décision administrative. Cette réflexion va faire en sorte que la lumière soit faite au sujet de ce qu'on entend par l'acte administratif unilatéral. Considérant que le droit privé est fondé sur l'accord de volontés, en droit administratif, l'acte unilatéral est d'application courante.

En effet, l'administration a la prérogative de modifier la situation juridique d'un administré sans son consentement. C'est le procédé-type de l'action administrative, le plus courant en pratique, le plus révélateur, au point de vue théorique de prérogative de puissance publique. Et c'est la raison pour laquelle ce thème est choisi et qui s'intitule : « la décision exécutoire de l'administration ».Et la raison à laquelle réside aussi ce choix est la volonté de s'engager à contribuer de façon à faire connaître à tout le monde et surtout au particulier intéressé qu'une fois l'administration décide, ça demande une obéissance. L'idée est de mettre en lumière le fait que, lorsque l'administration effectue sa mission qui est la recherche et la satisfaction de l'intérêt général, elle agit à travers des « décisions »pour modifier l'ordre juridique. Et dans un Etat de droit digne, même si la décision administrative doit être exécutée de façon impérative et immédiate, toutefois toute illégalité doit être sanctionné par le juge compétent. En d'autre terme, l'administration publique pour se faire obéir agit par des décisions tout en restant dans un cadre juridique pour le respect de la légalité et pour une meilleure protection des intérêts des particuliers. L'intérêt de ce sujet est d'abord de rappeler à l'administration publique que quand-t-il agit à travers ses décision, qu'elle doit demeurer dans la stricte légalité. Et vis-à-vis de particulier tenu d'obéir, ce livre l'instruit au sens d'un outil informatif et offre une arme de défense pour ne pas être terrorisé par la force écrasante de la décision administrative. Selon Rivero, « la décision exécutoire est l'acte dans lequel l'administration met en œuvre ce pouvoir de modification unilatérale de situation juridique » ; Et « la décision exécutoire est toute déclaration de volonté en vue de produire des effets de droits vis-à-vis des administré, émise par une autorité administrative », selon Hauriou. Quant à la jurisprudence, le Conseil

Etat français a eu l'occasion d'affirmer qu'une décision n'entrainant pas de modification dans une situation de droit ou de fait ne constitue pas une décision exécutoire.

Il faut prendre garde d'une part sur le terme décision exécutoire, car il ne doit pas être employé au lieu et place du terme simple de décision. D'autre part, le caractère exécutoire d'un acte unilatéral n'entre pas dans la définition de la décision administrative, car il existe des actes unilatéraux qui tout en étant des décisions ne peuvent être qualifiées d'exécutoires, comme les décisions de refus rejetant une demande. Mais même si le titre de ce livre semble réduit à la seule décision exécutoire, rassurant qu'au fond il, traite la décision administrative en son ensemble. Et surtout que le Conseil d'Etat énonce que le caractère exécutoire des décisions administratives est une règle fondamentale en ce sens qu'il permet à l'administration de décider en édictant des obligations ou des interdiction ou en conférant des droits, sans avoir saisi préalablement un juge de ses prétentions.

En fait, ce qu'on entend par décision ici c'est l'acte administratif unilatéral c'est-à-dire un acte qui fait grief, tout acte administratif unilatéral qui fait grief ou de nature à faire grief est susceptible de recours pour excès pouvoir. Simplement, l'acte administratif unilatéral est un acte qui peut être, contesté en justice par la voie du recours pour excès de pouvoir. Le problème est que, pourquoi celui ou ceux qui sont visés par une décision administrative doivent obéir sans avoir donnée leur avis ? C'est le problème de légitimité de la décision administrative. Donc, quelle est la différence entre la décision administrative avec toutes les lettres que puissent existées ? Mais répondre à une telle question mène imprudemment à la perdition. Alors il suffit de demander est-ce-que tous les actes pris par l'administration sont-ils considérée comme décisions administratives ? Pour mieux connaître, d'abord, avant d'étudier l'exécution et l'application dans le temps de décision administrative (II), il faut scruter, identifier l'acte reconnu comme telle (I).

# PARTIE I : L'IDENTIFICATION DES DECISIONS ADMINISTRATIVES

## Chapitre I : la notion d'acte administratif unilatéral

## Section I : les caractéristiques de la décision administrative

§1 : Le caractère normateur de la décision.

La décision administrative est nécessairement normatrice. En effet, c'est le caractère normateur inhérente à l'acte unilatéral qui nous permet d effectuer sur une sélection parmi les multiples actes que produit l'administration et d'écarter ceux qui simplement des documents de travail, actes indicatifs, actes préparatoires. Ces derniers ne possèdent pas de caractères normateurs et qu' en conséquence « ne font pas grief », tels sont les opinions exprimés par une autorité administrative , les intentions , les prétentions , les invitations à faire , les mises en garde , les avis , les propositions , les organigrammes …

Donc, il faut que l'acte apporte une modification à l'ordonnancement juridique et constitue une « décision faisant grief »

A – Le cas de circulaire

Les circulaires sont des actes secrétés par l'administration pour la satisfaction de ses propres besoins. Adressé par un chef de service, souvent un ministre à une pluralité d'agents publics, la circulaire ou instruction ou note de service est le symbole de l'administration et de son action. Elle est l'œuvre du chef de service en ce sens qu'elle contient la pensée de l'autorité supérieure.

Normalement, la circulaire est là pour d'une part, permettre et assurer le bon fonctionnement de l'administration, compte tenu du nombre d'agent. Elle sert à diffuser ou à obtenir une information, voir même à recommander un tel ou tel comportement. La jurisprudence ancienne par l'arrêt du Conseil d'Etat du 29 janvier 1954, Institut notre-dame du Kreisker. Cet arrêt consacre la distinction fondamentale entre la circulaire interprétative et circulaire réglementaire. En ce sens, est réglementaire la circulaire qui ajoute et crée une véritable règle de droit opposable aux intéressés. Ce raisonnement est abandonné par la nouvelle jurisprudence, et d'ailleurs qui est utilisé actuellement par le juge, la nouvelle arrêt de principe est l'affaire Mme Duvignères du Conseil d'Etat le 18 décembre 2002,en l'espèce, en ces terme, le juge affirme que le principe d' égalité ne s'oppose pas à ce que l'autorité investie du pouvoir réglementaire règle de façon différentes des situations différentes en rapport avec l'objet de la norme établit et ne soit pas manifestement disproportionnée au regard des différences de situation susceptible de la justifier. La nouvelle règle est que, il faut simplement distinguer les simples documents qui n'ont pas lieu d'être contestés est ceux qui doivent pouvoir l'être. En d'autre terme, toute circulaire impérative fait grief et peut faire l'objet d'un contrôle de légalité par la voie du recours pour excès de pouvoir. Donc les dispositions impératives à caractère général d'une circulaire ou d'une instruction doivent être regardées comme faisant grief, une véritable décision exécutoire. Désormais la distinction des circulaires interprétatives et circulaire réglementaire est dépassée.

Il faut remarquer que, sont circulaire impératives même si au fond elles n'ajoutent rien aux textes mais en commandant l'application. En un mot, la circulaire fait grief en ce qu'elle est impérative.

Concernant les directives, le juge applique le mécanisme de circulaire avec l'évolution apporté susmentionnée.

B- Le cas de la mise en demeure

La mise en demeure, elle se situe au niveau des règles de procédures qui tendent à donner son efficacité à l'action administrative et à protéger les droits des administrées ou agents publics. La mise en demeure adressée par l'autorité administrative à un administré par exemple de démolir un immeuble peut être considéré comme un acte préparatoire à une décision ultérieure, ou comme une décision en soi. En fait, la tendance générale de la jurisprudence est de considérer de plus en plus les mises en demeure comme des décisions et ce qui implique que le recours pour excès de pouvoir est ouvert à leur égard, par l'arrêt du Conseil d' Etat du 25 janvier 1991 Confédération national des associations familiales.

§2 : Le caractère administratif de la décision

A : Le principe utilisé pour savoir le label administratif

Il existe 2 critères utilisés pour connaître qu'un acte soit une décision administrative.
Le critère organique ne saurait tout expliquer, il faut lui adjoindre un caractère matériel, plus riche et plus complexe.
Le critère organique : du point de vue organique, le caractère administratif de la

décision exécutoire tient essentiellement à la qualité de l'organe dont elle émane. Ce critère est utile pour distinguer les actes administratifs des autres types d'actes édicté unilatéralement par les représentants habilités des personnes publiques, spécialement ceux de l'Etat à savoir les actes juridictionnels, les actes législatifs et les actes dit de gouvernements.

En application de critère organique, est administrative la décision prise par une autorité administrative. Telle est l'affirmation du Conseil d'Etat dans l'affaire d'Allières, c'est un arrêt d'assemblé du 7 février 1947, l'expression autorité administrative doit être entendue très largement. En ce sens qu'elle ne désigne pas les seules autorités supérieures investies d'un pouvoir général de décision, mais ça couvre les chefs de services jusqu'aux échelons qui peuvent décider ultérieurement dans le cadre de leur compétence.

Le critère matériel : par exception de la règle précédente certaines personnes privées ont reçu le même pouvoir pour l'exercice de la mission de service public qui leur est confié. En fait, le critère matériel se préoccupe non pas de l'auteur de l'acte unilatéral mais son objet. Ici l'acte administratif est celui qui a un « objet de droit public » et en conséquence relève du droit administratif et du contentieux administratif. Donc ce critère nous permet d'établir la qualification d'acte administratif seul par son contenu sans obliger à trancher la qualité juridique de son auteur.

B : Les tempéraments classiques

Les décisions de droit privé de personne publique : Il est à noter que les décision de l'administration n'ont pas toute un objet de droit public. Certains portent sur un objet privé ou bien des services publics industriels et commerciaux, même quand elles manifestent l'exercice de prérogative de puissance publique. Le Conseil d'Etat en section du 5 février 1954, arrêt association El Hamidia a eu l'occasion d'éclaircir ce sujet. La Cour considère que ces décisions donnent lieu à un contentieux qui relève plutôt de la compétence judiciaire. La doctrine ne les considère pas comme une véritable acte administratif mais comme des actes privés ou des actes de droit privé, en ces terme « acte formellement administratif par leur auteur, ils ne sont pas foncièrement administratif par leur objet ».

Les décisions de droit public des personnes privées : Les actes unilatéraux de personne privée peuvent être foncièrement administratif s'ils ont un objet de droit public. On peut dire que c'est une innovation. Chronologiquement, longent a régné cette certitude que l'acte d'un particulier ou d'un groupement privé ne pouvait en aucun cas acquérir un caractère administratif. Expriment la puissance publique au service de l'intérêt général, l'acte administratif unilatéral ne pouvait être que l'œuvre des autorités administratives seules interprètes de l'intérêt général et dépositaire de la puissance publique. Vu qu'un tel raisonnement ne pouvait être retenu, la sagesse du juge suprême a conduit à reconnaître, d'abord la notion d'organisme privé chargé d'exécution d'un service public administratif par l'arrêt d' assemblé du 13 mai 1938, Caisse primaire d' »Aide et protection » ,puis celle de l'acte pris par un organisme privé en vue de l'exécution du service public qui lui est confié, illustré par les 2 arrêts du Conseil d'Etat, l'un en assemblée du 31 juillet 1942, Monpeurt et l'autre en assemblée du 2 avril 1943, Boughen. Il est à fort remarquer que la reconnaissance du caractère administratif des décisions édictés par une personne privée est subordonné à la réunion de 2 conditions qui attestent leur objet de droit public, savoir qu'il faut que la personne privée assure l'exécution d'un service public administratif et que l'acte individuel ou réglementaire traduise l'exercice d'une prérogative de puissance publique dans le cadre de la mise en œuvre de l'accomplissement de la mission de service public .

Lorsque ce dernier est de type commercial et industriel, la jurisprudence se montre plus restrictive puisque le fonctionnement de ces services renvoie en principe à des rapports de droit privé, alors la qualification d'acte administratif est réservée aux seuls règlements qui touchent à l'organisation du service telle est la voie indiquée par le juge des Conflits du 15 janvier 1968 par un arrêt célèbre Epoux Barbier.

§3 : Le caractère unilatéral et créateur de droit de la décision

A : la qualité unilatérale de la décision.

L'acte est unilatéral, émanant d'une seule volonté. Ça peut être de volonté d'un agent unique comme l'arrêté du ministre, du maire où ne se trouve qu'une seule signature. Mais la pluralité d'organe, peut déboucher sur une seule volonté, ainsi en matière consultative plusieurs organes entrent en jeu mais l'acte ne sera pris que pour un seul organe. Et aussi les organes délibérant comme le conseil municipal traduit par une seule volonté. En d'autre terme, l'acte adopté par un organe collégial est l'acte d'une seule autorité. Le critère de l'acte unilatéral est qu'il produit des effets sur des personnes qui n'ont pas pris part à l'élaboration, et qui même n'ont pas donné leur consentement. C'est là que se manifeste la puissance publique de l'acte.

B : Acte créateur de droit

L'acte administratif unilatéral est créateur de droit. Etant une manifestation de volonté destinée à produire des effets de droits, rappelons que la décision n'entrainant pas de modification dans une situation de droit ou de fait ne constitue pas une décision exécutoire. Ici la force exécutoire de l'acte semble protectrice, car elle confère le droit de façon immédiate à l'égard ceux qui sont visés.

§4 : Le caractère exécutoire de la décision

Le caractère exécutoire est la première condition  nécessaire pour avoir le sursis à exécution de décisions administratives,  en ce sens que la décision  doit entrainer une modification dans la situation de droit ou de fait telle qu'elle existait antérieurement. Par définition, la décision exécutoire est toute déclaration de volonté en vue de produire un effet de droit vis-à-vis des administrés, émise par l'autorité administrative.

A travers tous ces critères, il est de règle que seules les décisions peuvent être déférées à la censure du juge administratif  et notamment par la voie de recours pour excès de pouvoir. Donc  le caractère décisoire d'un acte unilatéral est très important. Alors par déduction, un recours formé contre un acte autre qu'une décision est en principe irrecevable. L'intérêt aussi est que, par le jugement des recours exercés contre les décisions, la juridiction administrative exerce son contrôle sur la légalité de l'action administrative.

## *Section II : La classification des actes administratifs unilatéraux*

3 critères à retenir pour la base de la classification de la décision administrative.

### §1 : Le critère matériel

Le critère matériel est fondé sur le contenu de l'acte. On distingue dès lors les actes réglementaires et les actes non réglementaires.

Un acte réglementaire, prescrit une norme générale et impersonnelle. Il n'est pas réglementaire s'il ne fixe pas une norme. Comme il est classique de dire que les déclarations d'utilité publique en matière d'expropriation ne sont pas réglementaires. Un acte non réglementaire, à contrario n'établisse pas des normes générales et impersonnelle. On distingue essentiellement un acte individuel et l'acte collectif. Le premier porte sur une personne déterminer comme la nomination d'un fonctionnaire, une autorisation donné à une personne. La deuxième, l'acte collectif vise une série de situation individuelle couvrant des personne déterminées, ça concerne les situation solidaire les unes des autres par exemple le tableau d' avancement des fonctionnaires.

§2 : Les auteurs de la décision

Le critère organique classe les décision suivant leur auteur à commencé par les actes du Président de la république, ce sont des décrets adoptés en conseil de ministre, les actes du Premier ministre, comme les décret, arrêt, circulaire, directive. Tous ça c'est au niveau centrale, au niveau territorial comme les actes de représentant de l'Etat auprès des collectivités territorial décentralisés, les arrêtés des maires et arrive même jusqu'au actes des autorités administrative indépendante.

§3 : L'acte matérialisé par une lettre

Le critère formel s'attache à la manière dont l'acte est établi. La décision apparaît le plus souvent sous la forme d'un dispositif divisés en articles et précédés des motifs et de visas. Les visas sont des mentions de tous les actes antécédents formant la base juridiques que l'acte administratif repose. Ceci étant, alors que la règle est que les visas sont facultatifs, donc l'absence des visas n'est pas un vice de forme. Et plus loin encore, même l'erreur dans les visas n'est pas un vice de l'acte provoquant sa nullité.

En fait, la présentation de l'acte administratif unilatéral est libre. Pour le juge, ce qui compte c'est le fond et non les formes.

## *Chapitre II – Le pouvoir de prendre une décision*

Le pouvoir de prendre des décisions, s'imposant par la seule volonté de leur auteur et par conséquent indépendamment du consentement de ceux qu'elle concerne, est un pouvoir remarquable de l'administration, la première des prérogatives de la puissance public. C'est la Constitution qui délimite le domaine d'intervention du pouvoir réglementaire. La règle est que tous ceux qui ne relèvent pas de la loi relève de règlement. On peut dire par là que le domaine réglementaire est subsidiaire.

## Section I : Le pouvoir réglementaire des autorités administrative

Le pouvoir réglementaire est confié au pouvoir exécutif pour assurer l'exécution des lois.

A côté de ce pouvoir réglementaire dit subordonné, parce qu'il s'exerce sur la base et dans le respect des lois dont il permet de préciser les modalités d'applications, la jurisprudence a reconnue l'existence d'un pouvoir réglementaire autonome, en ce sens qu'il n'intervient pour l'exécution d'une loi déterminé mais il permet d'enserrer dans les règles juridiques des situation non appréhendé par législateur. Par exemple le pouvoir propre du Président de la République ou souvent du Premier Ministre en matière de mesure de police qui doivent en tout état de cause être appliqués dans l'ensemble du territoire.

## Section II : Le pouvoir des organismes privé gérant un service public d'édicter des règlements administratifs

### §1 : Les décisions des organismes de droit privé assurant un service public administratif

Les arrêts de référence sont Monpeurt et Magnier, tout deux arrêts du Conseil d'Etat, le premier en assemblée du 31 juillet 1942 et l'autre en section du 13 janvier 1961. La solution retenue est que les décisions en causes sont des actes administratifs lorsqu'elles traduisent la mise en œuvre prérogative de puissances publiques c'est-à-dire d'un pouvoir de décision destinés à satisfaire les exigences de l'intérêt générale, ou plus précisément les besoins du service public assuré.

Le Conseil d'Etat a reconnue en espèce que les comités d'organisation assuraient un service public administratif et que les décisions qu'ils sont amenés à prendre dans la sphère de leurs attributions, soit par voie de règlement, soit par des dispositions d'ordre individuelle, constituent des actes administratif. En d'autre termes, sont des décisions administratives, celles qu'une institution de droit privé, pour l'accomplissement de sa mission de service public qui lui est confié et dans l'exercice de prérogative de puissance publique.

§2 : Les décisions des organismes de droit privé assurant un service public industriel et commerciale :

Il est de principe que le service public industriel et commercial est géré selon le mode de gestion de droit privé. Les décisions d'ordre individuel prises en vue de l'exécution du service public par l'organisme privé sont des actes de droit privé, il en est de même des décisions concernant l'aménagement interne des organismes. Sur ce point, la compétence du juge judiciaire est inébranlable.

Mais il y a à côté, les décisions réglementaires intéressant l'exécution du service public. C'est l'affaire Epoux Barbier, un arrêt du Tribunal des Conflits du 15 janvier 1968 que nous donne l'exception. Cet arrêt, curieusement ne fait pas état de l'exercice d'une prérogative de puissance publique, peut être que le service assuré est industrielle et commerciale. Mais il faut avouer que la gestion privée d'un tel service ne fait pas obstacle à l'exercice de prérogative de puissance public. Et quoi qu'il en puisse être, le juge énonce que les règlements pris dans l'hypothèse considéré sont des actes administratifs s'ils se rapportent à l'organisation du service public assuré.

# PARTIE II : L'APPLICATION DANS LE TEMPS DES DECISIONS ADMINISTRATIVE EXECUTOIRES.

## *Chapitre I : Le régime juridique de l'acte administratif unilatéral.*

C'est la vie juridique de l'acte qu'il est question ici. Autrement dit c'est l'état civil de la décision exécutoire.

Section I : L'élaboration de la décision.

§ I : La procédure administrative non contentieuse.

I – La règle de forme et de procédure :

Les formalités qui s'impose aux diverses autorités en vertu des textes ou de les jurisprudences varie considérablement, à commencer par les consultations obligatoires d'organisme divers, concentration entre les administrations concernées, parfois enquête auprès des intéressés.

II – L a règle de compétence et la motivation de la décision

Les infractions aux règles de compétence constituent l'illégalité dite d'incompétence. Il est à noter que cette illégalité revêt deux formes : l'usurpation de fonction et empiètement de fonction.

La première consiste dans l'accomplissement d'un acte administratif en dehors de tout pouvoir légal, c'est-à-dire une ingérence dans des fonctions publiques par un individu étranger à ces fonctions. Mais il y a aussi usurpation de fonctions dans le cas où il y a ingérence d'un agent administratif dans des fonctions d'un ordre totalement différent des siennes. Pour l'empiètement de fonction, ca consiste dans immixtion d'une autorité administrative dans les attributions d'une autorité administrative différente.

Concernant la motivation de la décision, elle ne concerne que les décisions « défavorable» à l'intéressé. La loi du 11 juillet 1979 oblige leur auteur à en formuler expressément les motifs. S'ajoute aussi le principe général du droit de la défense reconnue à tout ce qui menace d'une décision ayant le caractère de sanction. Et par un principe plus large, dit du contradictoire qui exige l'ouverture d'un dialogue entre administration et administré avant la prise de la décision défavorable.

III- Le but de la décision et son contenue : intérêt général

Les actes administratifs doivent être faits en vue de l'intérêt général. Ainsi tous actes accomplis par un agent pour satisfaire son intérêt personnel est irrégulier. Donc le but visé soit licite en lui-même, il arrive qu'une mesure prise soit irrégulière parce qu'elle n'est pas adéquate au but visé ou elle n'est pas nécessaire pour atteindre le but visé. Dans ce cas, le juge est alors conduit à apprécier non seulement la régularité de l'acte mais son opportunité en se fondant sur le principe de proportionnalité.

Ce sont les normes administratives qui constitue le contenue de l'acte administratif. Il faut simplement noter que les normes administratives sont hiérarchisées. Tout ces procédés tendent à assurer la qualité de la décision, soit de donner de garantie aux particulier. L'ensemble de ces règles constitue la procédure administrative non contentieuse.

§ 2 : Le secret administratif

L'élaboration de la décision était habituellement dominée par le principe de secret. L'intéressé n'était pas en mesure de connaitre les diverses phases du processus qui avait déterminé le sens de l'acte. Mais la jurisprudence a fait du respect des droits de la défense un principe général de droit qui donne à la personne visée par la mesure sanctionnatrice la possibilité d'avoir connaissance d'un grief formulés contre elle et de présenter les arguments en sa faveur. L'arrêt de principe en matière de droit de la défense est l'affaire Dame Trompier-Gravier, du Conseil d'Etat en section du 5 mai 1944. L'idée est que, lorsqu'une décision administrative prend le caractère d'une sanction et qu'elle porte une atteinte assez grave à une situation individuelle, la jurisprudence exige que l'intéressé ait été mis en mesure de discuter les motifs de la mesure qui le frappe. L'important en matière de droit de la défense est que l'intéressé doit être informé qu'une procédure est engagé contre lui et doit recevoir communication des grief invoqué à son encontre dans un délai raisonnable avant l'édiction de la décision.

La règle du secret, difficilement acceptable dans une administration qui se veut démocratique. Il fallait une réforme décisive dans le sens où la communicabilité est la règle et faire du secret l'exception. Concernant la nouvelle règle, les motifs qui justifient l'exception sont Limitatifs, il s'agit principalement de la défense nationale, de la sécurité publique, protection de la vie privée. On peut dire qu'une étape déterminante est faite dans la voie de ce que l'on nomme « la transparence administrative ».

§ 3 : Dérogation exceptionnelle à la règle de compétence :

La théorie de fonctionnaire de fait est un agent incompétent, généralement un individu non investi ou irrégulièrement investi de la fonction, mais dont l'acte sont cependant déclaré valider.

En période normale la fonction de fait peut intervenir sous la base de l'idée d'apparence.

Mais en période de circonstance exceptionnelle, elle peut se manifester sur le fondement de l'idée de nécessité, comme dans l'affaire Marion et autre en 1948, en l'espèce, il s'agit d'une mesure d'urgence prise en 1940 par une amitié substituée à une municipalité défaillante.

Il faut quand même, aussi, invoquer le cas de gouvernement de fait, qui est un gouvernement qui sans avoir été investi selon les formes constitutionnelles prévue a l'avance, a pris entièrement et définitivement le pouvoir. Ici la théorie de la fonction de fait ne s'applique pas.

## Section II: L'entrée en vigueur de l'acte administratif

Sur l'entrée en vigueur des normes administrative, deux théories sont en lice. Pour la « théorie de la signature », l'entrée en vigueur est le fait de la signature et intervient à la date de celle-ci. Par contre, la « théorie de la publication » prêche que c'est la publication qui confère à l'acte sa valeur normatrice et sa date réelle.

Aucune des deux théories n'est satisfaisant selon la pratique jurisprudentielle.

§ 1 : La «décision» avant la publicité :

Entre la signature et la publicité, l'acte n'est pas opposable. Mais certes, son existence attesté par la signature est valable et entraine deux séries de conséquence: nul ne peut invoquer un acte réglementaire tant qu'il n'est pas publié, mais l'administration peut faire application d'un telle acte qui n'est pas encore publié mais c'est déjà une exception. Par contre, l'acte individuel peut être invoqué même si elle n'ait pas fait l'objet d'une notification adéquate.

La date de l'entrée en vigueur est parfois indiqué par l'acte lui-même, par exemple le décret de 2009-969 fixant les horaires de travail effectif dans le service publics, sa date d'émission est de 22 Juillet mais la date de l'entré en vigueur est déclaré expressément par l'article premier de ce texte, en ces termes « prend effet à compter du 01 Aout 2009 ».Mais si la date de l'entrée en vigueur n'est pas fixé, certaines prétende que celle-ci résulte des opérations de publicités. En ce sens que la force obligatoire s'attacherait à l'acte administratif après et que sitôt que seraient, effectuée les mesures de publicité adéquate, en fonction de type d'acte et de la qualité des destinataires et notification pour les actes individuels.

§ 2 : La publication :

Un acte réglementaire entre en vigueur qu'après que son auteur a satisfait aux impératifs de publicité, il n'est pas opposable faute d'être entrée en vigueur aux administrés qui de leur côté, ne peuvent en revendiquer le bénéfice, même s'ils en ont eu connaissance par d'autres moyens.

Pour cela, en dehors des circonstances exceptionnelles, seule une loi peut déroger à ce principe.

Normalement, la publicité est une condition à la fois nécessaire et satisfaisante de l'entrée en vigueur, mais les actes réglementaire n'entre pas toujours en vigueur du fait et à la date de leur publication. Certains d'entre eux n'acquièrent force obligatoire que postérieurement aux mesure de publicité soit à l'expiration d'un délai préétabli, soit conséquemment à l'édiction d'acte complémentaire.

D'autre ne sont pas exécutoire que si parallèlement à leurs publication est accomplie une formalité supplémentaire, tel est le cas au niveau des collectivités décentralisées. En fait, les décisions réglementaires prise par l'autorité locale est subordonnée à leur publication ainsi qu'à leurs transmission au représentant de l'état.

§ 3 : La notification

Les décisions individuelles entrent en vigueur tantôt à la signature, tantôt à la suite de leur notification.

L'administration ne peut opposer une décision individuelle avant avoir procédé à sa notification auprès de la personne qui en fait l'objet. Il est à remarqué que la publication même quand elle est exigée par un texte, ne saurait remplacer la notification à l'intéressé, et surtout que la décision en question est défavorable, c'està-dire qui impose des obligations, des suggestions qui inflige des sanctions. En revanche, l'administré peut exiger à l'administration l'application en sa faveur une décision ni publié ni notifiée dont il y a eu néanmoins connaissance. En ce sens, le Conseil d'Etat, dans un arrêt en section du 18 Mai 1973 ville de Cayenne, retient spécialement la solution que, quand la décision comporte un effet positif, le bénéficiaire à intérêt à se prévaloir, c'est-à-dire que l'acte a crée des droits à son profit ou lui accorde un avantage.

### Section III : La non-rétroactivité des décisions administratives :

§ 1 : Le principe de non rétroactivité:

Dans l'arrêt d'assemblé du Conseil d'Etat du 25 Juin 1948 société du journal Aurore, la cour rappelle solennellement que la sécurité juridique la plus élémentaire exige qu'une règle de droit ne produise d'effet qu'à partir des moments où les destinataires de celle-ci en ont connaissance, puisque c'est à partir de ces moments que l'acte entre logiquement en vigueur. Le principe de rétroactivité des actes administratifs implique nécessairement que les règlements ne disposent que pour l'avenir. Et la solution est la même pour les actes individuels. Donc, on peut affirmer avec assurance que les décisions administratives ne disposent que pour l'avenir. Seul le législateur peut y déroger.

§ 2 : Les limites de la règle de non-rétroactivité:

L'acte administratif ne saurait régir des situations antérieures à son entrée en vigueur, sous peine d'être entaché de rétroactivité. C'est un principe général du droit qui s'impose aux autorités administratives et aux administrés. Mais comme tout principe, l'interdiction de la rétroactivité supporte des exceptions. La principale tient à l'existence d'une habilitation législative contraire. En dehors d'elle, la rétroactivité est licite quand elle est inscrite dans la nature de la décision ou de circonstance qui justifient comme la remise en état consécutive d'un arrêt ou jugement d'annulation, décision de retrait, mesure de régularisation.

Waline affirme qu'il y a des décisions pour lesquelles « la non-rétroactivité est sacrifiée parce qu'il n'y a pas moyen de faire autrement sans être contraint à une solution inadmissible».

## *Section IV : L'interprétation et l'appréciation de la légalité des actes administratifs*

§1    :L'interprétation    des    actes
administratifs

Interprété    un    acte    administratif
unilatéral, c'est en recherché le sens lorsque
celui-ci ne s'impose pas par son seul lecture
de l'acte, du fait de la mauvaise rédaction ou
que l'esprit de l'acte est complexe.

A remarquer que le problème d'interprétation
de l'acte n'apparaît que lorsqu'il est obscur,
c'est-à-dire son sens prête à discussion. Donc
l'interprétation devient sans objet lorsque
l'acte est clair.

Interpréter les textes constitue une tâche
essentielle de toute juridiction. A noter en
passage que la juridiction administrative est le
juge naturel de l'administration.

Les difficultés apparaissent lorsque le problème de l'interprétation d'un acte administratif se posait devant le juge judiciaire, au souci de la séparation des autorités administrative et judiciaire .Donc la question est que, est ce que le juge judiciaire peut interpréter légalement un acte administratif ? Le Tribunal des Conflits dans l'affaire Septfonds entendait bien remarquer qu'en matière d'interprétation par le juge judiciaire, il convient de distinguer les actes administratifs réglementaires des actes administratifs individuels.

La solution retenue est que, en interprétant un acte administratif réglementaire le juge judiciaire ne trouble pas les opérations des corps administratifs, il accomplisse tout simplement sa mission .En ce sens que la généralité des termes de cet arrêt Septfonds implique la compétence en matière d'interprétation des actes administratifs réglementaires du juge judiciaire sans qu'il y ait lieu de distinguer entre le juge civil et le juge répressif.

Mais en matière d'interprétation des actes administratifs non réglementaires, actes individuels ou collectifs, le juge judiciaire est incompétent.

§2 :L'appréciation de la légalité des actes administratifs

Selon l'esprit de la loi du 16-24 août 1790, réserve fait au seul juge administratif la connaissance des recours relatif à l'appréciation de la légalité des actes administratifs.

Mais la décision Avranches et Desmarets du Tribunal des Conflits en 1951 pose une règle simple. Par exception au principe de la séparation des autorités administrative et judiciaire, le juge judiciaire répressif peut apprécier la légalité des actes administratif règlementaire lorsqu'ils servent de fondement aux poursuite engagées contre un prévenu ou quand ils, sont invoqués comme moyen de défense, dans ce cas, on retrouve donc devant le principe classique selon lequel le juge d'action est le juge de l'exception.

L'arrêt Avranches et Desmarets trouve son origine dans la poursuite intentée contre des chasseurs pour délit de chasse et qui pour leur défense invoquèrent en leur faveur un règlement administratif. En l'espèce le juge pénal devait résoudre la question préalable de la légalité du règlement en cause.

En revanche  lorsque l'exception d'illégalité concerne un acte administratif individuel, l'incompétence du juge répressif est totale, sauf texte contraire.

## Section V : La sortie de vigueur de l'acte administratif.

Ici c'est la fin du périple  de l'acte administratif.

§1 : La disparition de l'acte administratif en dehors de la volonté de son auteur

Des causes extérieures purement matérielles peuvent mettre fin à l'acte administratif. Ainsi la disparition de l'objet de l'acte comme le décès de l'intéressé par exemple entraîne la caducité de l'acte administratif.

Par ailleurs, une autre cause de disparition de l'acte administratif avec effet rétroactif est son annulation pour l'illégalité soit administrative par le supérieur hiérarchique, soit contentieuse sur le recours pour excès de pouvoir.

En fin, la disparition peut résulter de la survenance d'un terme exprimé dans l'acte lui-même.

L'acte est édicté pour une durée limitée, on parle d'un acte portant une condition résolutoire.

§2 : L'intangibilité des actes créateurs de droit

Elle ne signifie nullement que la situation issue de l'acte régulier est définitivement immuables, mais seulement que la suppression de cette situation ne peut résulter que par un nouvel acte administratif contraire .En d'autre terme l'auteur de l'acte ne dispose pas de pouvoir discrétionnaire pour revenir sur la décision qu'il a prise ,il peut simplement disposer d'une compétence réglementaire en vue de prendre une nouvelle décision contraire à la première.

§3 : La disparition de l'acte administratif par la volonté de l'administration

A : La sortie de vigueur non rétroactive :
l'abrogation de la décision

L'abrogation consiste à mettre fin
l'acte pour l'avenir .Son régime juridique
varie selon que l'acte est réglementaire et non-
réglementaire. La règle est que l'abrogation
peut intervenir à toute époque, pour les actes
administratifs : il n'y a jamais droit acquis au
maintient d'un règlement. Il arrive que
l'autorité compétente met fin à l'acte qu'il
avait fixé.

Certaines parlent que ce pouvoir d'abroger un
règlement se transforme en un devoir
d'abroger si ce règlement est devenu illégal
soit par des circonstances de droit ou de fait
postérieur au recours soit que ce règlement ait
été illégal dès sa signature. Mais en tout état

de cause, l'abrogation des règlements n'affecte pas par elle-même les mesures individuelles qui ont été prises sur son fondement, leur abrogation obéit au régime qui leur est propre .Ce qu'on entend par là est que les actes individuels ou actes non-réglementaires ont leur régime juridique d'abrogation. Pour eux il faut distinguer selon qu'ils ont ou non fait naître des droits.

B : La sortie de vigueur rétroactive : Le retrait des actes administratifs

C'est par l'arrêt de principe dame Cachet du 3 novembre 1922 que le Conseil d'Etat a établi les conditions dans lesquelles l'administration peut retirer elle-même les mesures illégales qu'elle a prises.

Le régime juridique du retrait dépend pour l'essentiel du caractère régulier ou irrégulier de l'acte .Si l'acte est régulier apparemment aucune raison d'admettre son retrait .Mais il y a lieu de distinguer que lorsque l'acte est non seulement régulier mais créateurs de droits, son retrait est impossible pur simple opportunité. Prenons l'exemple, depuis 1982 en France 10 ans après, les autorités des collectivités territoriales décentralisées prennent des véritables décisions exécutoire. Mais il est rappelé que le maire ne peut retirer son arrêté qui avait créés des droits au profit de l'intéressé et qui n'était entaché d'aucune illégalité.

Pour l'acte tout en étant régulier mais n'a pas créer de droits, la jurisprudence admet la possibilité de le retirer pour opportunité, mais il faut que le règlement n'a donné lieu aucune application effective sinon c'est impossible.

Si l'acte est irrégulier, le principe de légalité justifie qu'il puisse être mis en cause. Mais le Conseil d'Etat enferme le retrait dans des conditions vigoureuses combinant la considération des droits acquis et celles des délais de recours .Les actes non créateurs de droits peuvent être retiré à toute époque, leur retrait est possible autant que leur abrogation .Quant aux actes créateurs de droits, pour les actes individuels, ils sont créateur de droits dès leur signature, avant même leur notification.

Mais pour les actes réglementaires ; seule la publication peut donner naissance à des droits. Soulignons qu'il y a une condition externe du retrait des actes créateurs de droits, il répond à la même exigence que l'abrogation c'est à dire les principes de parallélisme des compétences, des règles de procédures et des formes, et même la motivation du retrait des actes individuels.

A côté il y a une condition de fond comme quoi, le retrait des actes créateurs de droits ne peut être prononcé que pour les motifs d'illégalités et dont le délai de recours contentieux 2 mois en France.

Il est simplement noté que le retrait demeure possible pendant la durée de l'instance.

## *Chapitre II : L'exécution de l'acte administratif*

La décision exécutoire a pour effet de modifier l'ordre juridique existent par l'autorité attachée à l'acte

## Section I : le privilège et l'autorité de la décision administrative

§1 : Le privilège de préalable

La décision exécutoire bénéficie avant toute vérification par le juge d'une présomption de conformité au droit .L'acte a crée immédiatement une situation nouvelle, donc le particulier visé par une décision est créancier ou débiteur, tenu de faire tomber la présomption de la légalité qui autorise cet effet en faisant devant le juge, la preuve de la non-conformité de la décision au droit, normalement par le jeux de recours pour excès de pouvoir, et peut éventuellement par l'exception d'illégalité. Car légitimé par l'intérêt général ou l'utilité publique ou plus réduite par la nécessité de service, mais ultérieurement, celui qui est visé par la décision exécutoire peut toujours recourir devant le juge administratif. On désigne en général par le privilège de préalable la situation ainsi faite à l'administration du fait de l'autorité qui s'attache à sa décision préalablement à toute vérification par le juge .Et le doyen Vedel utilise l'expression « autorité de la chose décidée » par analogie avec l'autorité de la chose jugée. C'est dans ce privilège de préalable que la décision administrative  se distingue des actes des particuliers ou acte de droit privé, en ce sens que ces derniers actes n'ont pas la force exécutoire qu'après intervention d'une quelconque autorité investie à cet effet, par exemple devant un notaire ou devant un officier de l'état civil ou devant un juge. Mais il est toujours à rappeler que la force de la décision administrative n'est pas fondé sur la contrainte, mais fondé et légitimé par la mission dévolue à l'administration qui est la satisfaction de l'intérêt général.

§2 : Le caractère non suspensif de la décision

Le recours contre une décision administrative n'en suspend pas l'exécution s'il n'en est autrement ordonné par le juge à titre exceptionnel pour souci de protéger le requérant à un préjudice grave ou à une situation difficile à modifier .Il faut remarquer aussi qu'il appartient au demandeur c'est-à-dire au particulier de faire la preuve de l'illégalité qu'il conteste.

## Section II : L'exécution des décisions exécutoires

§1 : Les diverses hypothèses d'exécutions

Une fois la décision est prise, il reste à l'exécuter c'est-à-dire à traduire dans les faits la situation juridique nouvellement créée.

L'exécution peut incomber, en totalité ou en partie, à l'administration elle-même. Dans ce cas, il lui appartient de prendre toutes les mesures nécessaires par exemple la cessation du paiement du traitement à un fonctionnaire après une décision de révocation.

On peut imaginer aussi que la décision a accordé en particulier un droit ou une faculté par exemple l'autorisation d'occuper une parcelle du domaine public ou un permis de construire, dans ce cas c'est au particulier qu'il appartient d'user son droit. .Mais il y a une dernière hypothèse comme quoi la décision met à la charge d'un particulier d'une obligation, c'est d'ailleurs la plus fréquente.

§2 : L'exécution des obligations par les particuliers.

Le principe fondamental qui découle de la présomption de légalité veut que le particulier est tenu d'exécuter .Pour ce là l'administration n'a jamais besoin, pour l'y contraindre de se faire délivrer par le juge un titre exécutoire, comme le font les particuliers entre eux. C'est ça le caractère même de la décision exécutoire.

Mais il faut avouer que le particulier pourrait faire échec à l'exécution de la décision. Il a un choix entre obéir ou désobéir, mais toute désobéissance mérite une rémunération comme la sanction.

### Section III : Le déclin de la décision exécutoire : le sursis à exécution des actes administratifs.

Le sursis à exécution est considéré comme une faiblesse à la rigidité de l'ordre donné, la décision apparait comme suspecte ou douteuse ; Mais il est rappelé que le sursis à exécution reste une exception. L'arrêt du Conseil d'Etat, Moteur d'avions, en assemblée du 12 novembre 1938 est l'arrêt de principe en matière de sursis à exécution et puis complété par l'arrêt Konaté du Conseil d'Etat du 4 février 1981. C'est par la présomption de légalité et le privilège du préalable dont bénéficie tout acte administratif unilatéral qui permettent l'exécution de l'acte alors même qu'une demande en annulation est formée contre lui devant le juge administratif. Sauf texte contraire le recours pour excès de pouvoir contre une décision administrative n'a pas d'effet suspensif et l'administration est donc légalement fondée à en poursuivre immédiatement l'exécution.

Mais pour éviter les risques, il existe au profit de chaque requérant la possibilité, tout en sollicitant du juge administratif l'annulation d'un acte administratif, de demander qu'il soit sursis à statuer à l'exécution de celui- ci, en attendant l'appréciation de sa légalité.

3 conditions pour pouvoir obtenir le sursis à exécution : la première condition et on a vu que c'est le caractère exécutoire de la décision. Et ça rappelle quelques remarques comme, le juge se refuse à accorder le sursis à exécution d'une décision négative. Il est dans la logique de cette condition que le sursis à exécution est irrecevable si la décision est déjà entièrement exécutée et a produit ses effets possibles.

La seconde condition tient à ce que le préjudice lié à l'exécution immédiate de la décision soit grave, en ce sens qu'il est irréparable ou difficilement réparable.

La dernière condition se réfère au sérieux des moyens invoqués par le requérant pour obtenir l'annulation de l'acte pour l'exécution du quel il sollicite un sursis. En d'autre terme il faut que le moyen en annulation soit sérieux, et plus loin encore, au moins l'un des moyens invoqués par le requérant paraît de nature, en l'état du dossier, à justifier l'annulation de la décision.

Il est important de souligner que la réunion de ces 3 conditions n'oblige pas le juge à accorder le sursis à exécution d'un acte administratif, car il reste compétent pour apprécier si le sursis doit être accordé.

La difficulté réside en matière de sursis des décisions intéressant l'ordre public.

En pratique les tribunaux administratifs compétents pour connaître les recours pour excès de pouvoir contre diverses catégories d'actes administratifs le sont également pour accorder en cas de recours le sursis à exécution, sauf dans le cas ou la décision intéresse l'ordre public.

Cependant l'évolution jurisprudentielle, puis réglementaire a progressivement conduit à abandonné complètement cette prohibition. Ainsi le Conseil d'Etat français pouvait être saisi d'une demande de sursis dans des affaire dans le jugement au fond appartenait enfin au tribunal administratif. Et plus innovatrice encore, le Conseil d'Etat pouvait aussi octroyer le sursis en matière d'ordre public même aux affaires principal appartenant au tribunal administratif. L'intérêt de cette évolution est qu'elle confère au Conseil d'Etat un chef de compétence nouveau pour statuer en premier et en dernier ressort. On remarque le déclin de la décision exécutoire de l'administration. Ceci est le fait de la maturité progressive du juge administratif, ça capacité de contrôler le mieux l'action administrative.

## *Section IV : Les sanctions pour inexécution*

§1 : Les 2 sortes de sanctions utilisées en cas d'inexécution de la décision administrative: Sanctions pénales et sanctions administratives

La sanction pénale : le refus de se prêter à l'exécution des actes administratifs n'est pas toujours réprimé pénalement .Il n'est que si la loi le prévoit et ce n'est pas toujours le cas .La règle fondamentale de répression pénale est le nulla poena sine lege.

La sanction administrative : cette sanction permet à des autorités administratives d'infliger elles- même à des administrés des sanctions qui, tout en étant différente des sanctions pénales leur ressemblent par leur caractère punitif comme les amendes, fermeture d'établissement ,confiscation, retrait des permis de conduire …

Ce pouvoir est étranger à l'ordre des juridictions pénales, il est très exorbitant et constitue une forme extrême des prérogatives reconnues à l'administration.

En d'autre terme, l'administration peut prévoir de sanction, dont il faut craindre énormément et plus fondé que jamais, puisque l'administration est en l'espèce juge et partie, et que les garanties données au particulier sont moindre de ce fait.

Le critère déterminant de l'intervention de la sanction administrative c'est l'existence d'une faute. En ce sens qu'elle doit être distinguée des mesures d'objet comparable comme les refus, les retraits, interdiction de poursuivre une activité … Ces derniers ne présentent pas le caractère de sanction d'une faute.

§2 : La nature juridique des sanctions administratives

Les sanctions administratives constituent des décisions administratives et non des actes de juridiction pénale malgré leur ressemblance. Donc, en matière de sanction administrative il ne peut jamais y avoir des peines privatives des libertés, c'est-à-dire un emprisonnement ferme, car ça relève du domaine de la loi et non du règlement. L'intérêt est donc, le particulier frappé est toujours libre d'attaquer la décision devant le juge compétent, mais a priori il doit l'exécuter d'abord. Il se peut que nonobstant un acquittement ou un non-lieu au pénal, des sanctions administratives peuvent être prononcées. Et elles peuvent être aussi cumulées avec les sanctions pénales. Concernant ce pouvoir de sanction, le Conseil Constitutionnel admet dans son principe la disposition d'un pouvoir de sanction par l'administration .Il considère que par le principe de séparation des pouvoirs ,aucun principe ou règle de valeur constitutionnelle fait obstacle à ce qu'une autorité administrative agissant dans le cadre de prérogative de puissance publique puisse exercer un pouvoir de sanction dès lors, d'une part que la sanction susceptible d'être infligée est exclusive de toute privation de liberté et d'autre part, que l'exercice du pouvoir de sanction est assortie par la loi .

Il est enfin noté que l'application de sanction administrative ne se situe pas dans la théorie des actes administratifs.


## Section V : Condition de recours à la contrainte : L'exécution forcée et exécution

*d'office*

L'administration ne se laisse jamais désarmée en présence de la résistance des particuliers. Certaines lois ont tranché le problème en autorisant expressément l'exécution forcée .En cas de silence de texte, la jurisprudence affirme et autorise l'exécution d'une décision par la contrainte, mais l'enferme dans des conditions précises telle qu'elle est dans l'arrêt du Tribunal des Conflits du 2 décembre 1902 Société immobilière de Saint-Just, à savoir qu'il faut que la décision exécutée doit avoir sa base dans un texte de portée générale. La plus déterminante des conditions est la rencontre de l'administration à une résistance active ou passive sinon le recours à la contrainte serait une vexation inutile ou que cette résistance ne peut être vaincue par d'autres moyens, soit que les textes ne prévoient pas de sanction pénale ni de sanction administrative, soit les sanctions de la mise en œuvre soient restées inefficaces.

Mais l'urgence remplace à elle seule les conditions précédentes, en ce sens qu'elle autorise toujours l'exécution d'office ou forcée, même sans résistance à vaincre et nul besoin de recours préalable à la sanction pénale .L'urgence autorise même l'administration à agir d'office sans avoir préalable pris une décision exécutoire qui se heurterait à la désobéissance du particulier. Ici la mesure prise n'est pas motivée par une désobéissance, donc il y a non pas exécution mais action d'office. Mais en tout état de cause, les mesures prises ne doivent pas dépasser le but cherché.

# CONCLUSION

L'acte administratif unilatéral n'est pas statique, à travers beaucoup de temps, il devient très dynamique. On remarque que l'administration peut intervenir par des décisions de plusieurs façons. Mais on constate également que la force exécutoire de la décision administrative se trouve contrebalancé par le pouvoir du juge qui peut ordonner le sursis à exécution avant de l'anéantir en annulant la décision par le redoutable recours pour excès de pouvoir. Alors il faut dégager des critères qui permettent de concilier les exigences d'une bonne administration et les intérêts des administrés.

La solution est la transparence. En ce sens qu'elle vise à dissiper le mystère qui entoure l'administration, en donnant aux administrés la faculté de comprendre la logique qui commande des gestes administratifs. Pour cela, cet ouvrage contribue et résolu pour percer l'opacité qui entoure la machine administrative bien que cette dernière reste dans la légalité. Pour se faire, cet œuvre se prétend comme maître en rassurant et en instruisant les administrés à l'obéissance et tout en rappelant au gouvernant leur engagement et devoir.

Mais même si tous ces règles citées ci-dessus sont observées tant par l'administration que par les particuliers visés par la décision. Face à des nouvelles exigences commandées par des nouvelles aspirations à satisfaire, le gouvernement des différents pays opte vers une meilleure technique plus moderne pour gérer les affaires publiques. Qu'en est –il du management public ?

# BIBLIOGRAPHIE

Ouvrage

-Jean Marie Auby, droit public, éd Economica 1990

-Guy Braibant, droit administratif, éd presse de la Fondation nationale des sciences politiques et Dalloz 1998

-Joël Carbajo, l'application dans le temps des décison administratives exécutoires,éd LGDJ 1980

-René Chapus,droit administratif général tome I, éd Montchrestiens 1999

-Jacques Chevalier, La science administrative, éd PUF 2001

-André de Laubadère, traité de droit administratif, éd Dalloz

-Michel de Villier, droit public général, éd Litec,2002

-Manuel de contrôle d'actes administratifs des collectivités territoriales décentralisées, éd Cite, 2004

Recueil

- Les grands arrêts de la jurisprudence administrative, M.Long /P. Weil/G. Braibant/P.Delvove/B. Genevois, éd Dalloz, 1999 , 12éme édition

- Les grandes décisions de la jurisprudence du droit administratif, Lachaume, éd PUF, 1980

www.ingramcontent.com/pod-product-compliance
Lightning Source LLC
Chambersburg PA
CBHW070921220526
45467CB00004B/1495